Identificar
la idea principal

La **idea principal** es la idea más importante de la lectura.

Los **detalles** nos dicen:

quién	qué
cuándo	por qué
dónde	cómo

En la escuela

Lada J. Kratky

Me gusta pintar.

Me gusta escribir.

Me gusta cantar.

Me gusta leer.

Me gusta escuchar.

Me gusta compartir.

Me gusta jugar...

¡Con mis amigos!

En la escuela
ISBN: 978-1-68292-518-8

© Del texto: 2017, Lada Josefa Kratky
© De esta edición:
2021, Vista Higher Learning, Inc.
500 Boylston Street, Suite 620.
Boston, MA 02116-3736
www.vistahigherlearning.com

Dirección editorial: Isabel C. Mendoza
Edición: Ana I. Antón
Dirección de arte y producción: Jacqueline Rivera
Documentalista: Nadia García
Montaje: Gráfika LLC

Imágenes: Cubierta: Wavebreakmedia / iStock; pág. 5: Image_Source_/Getty Images; pág. 6: Steve Debenport / Getty Images; pág. 7: blackred / Getty Images; pág. 8: FatCamera / Getty Images; pág. 9: FatCamera / Getty Images; pág. 10: Blend Images - KidStock / Getty Images; pág. 11: FatCamera / Getty Images; págs. 12-13: Rawpixel Ltd / Getty Images; págs. 14-15: Miguel Sanz / Getty Images

Todos los derechos reservados.
Esta publicación no puede ser reproducida, ni en todo ni en parte, ni registrada en o transmitida por un sistema de recuperación de información, en ninguna forma ni por ningún medio, sea mecánico, fotoquímico, electrónico, magnético, electroóptico, por fotocopia o cualquier otro, sin el permiso previo, por escrito, de la editorial.

Published in the United States of America.

2 3 4 5 6 7 8 9 GP 26 25 24 23 22

Aquí acaba este libro
escrito, ilustrado, diseñado, editado, impreso
por personas que aman los libros.
Aquí acaba este libro que tú has leído,
el libro que ya eres.